Para Ap

31/12/19

Acuarios de bolsillo
(y otras cirugías barrocas)

Acuarios de bolsillo
(y otras cirugías barrocas)

Santos Espina Mairal

Letras Cascabeleras
Colección de poesía *Así es la Rosa* / 11

Primera edición. Cáceres, agosto 2019
Edita: Asociación Cultural Letras Cascabeleras
www.letrascascabeleras.es
Autor: Santos Espina Mairal
Fotografía de cubierta: Pixabay
Colección de poesía *Así es la rosa*, n.º 11
Impresión: Estugraf
Depósito Legal: CC-000246-2019
ISBN: 978-84-949710-7-5

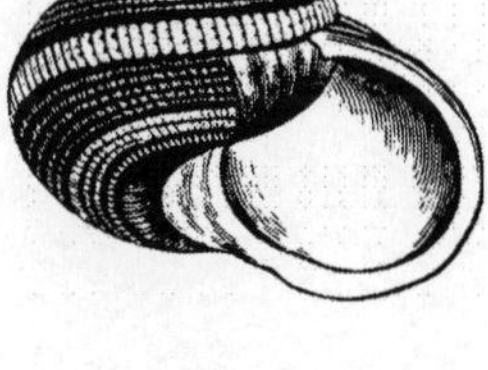

LA PURGA

¿Quién soy al final del día?

Una sombra gritona, introvertida
sangre A positivo
cosida a los pies de un cuerpo
imitando sus pasos.

Uno entre todos los sonámbulos
que andan de día por las calles.

Uno de los tantos que desembarcaron
creyendo que este era el mundo.

PANDEMIA (CALIGRAMA)

El lenguaje es un virus seductor.
Nos convence, sigiloso
de que a este mundo
le falta una pieza.

Nos susurra que la vida
es un sediento crucigrama
un rompecabezas
que deberíamos completar.

Entonces traducimos dialectos fantasmas
soñamos en lunfardo
le ponemos nombre
a lo que no está.
Catalogamos y encadenamos todo
a la rigurosa sintaxis de las palabras.

La lengua es el candado caliente
que se disfraza de llave.
Nos hace creer que la memoria
se firma con tinta violenta:
la escribe con caligrafía prolija
cursiva e itálica, letra imprenta.

De a poco el idioma
este parásito mudo
se reproduce entre nosotros

perpetuándose
mientras yo, buscando la vacuna
sigo infectando la página
con su beso, su hambre
su huella digital.

FRENTE AL ESPEJO

La laguna honda
conserva mis rasgos intactos
mojados en luz.

La angustia fotográfica de saber
que soy solo el reflejo
del que habita el otro lado
que soy yo el fantasma
imitando sus gestos.

Apoya la palma de la mano
sobre la superficie:
apenas nos separa
una cortina de agua.

Ahí donde nos tocamos
nacen las manchas de vapor
nimbos y anillos celestes.
Puedo sentir lo tibia
que está tu piel.

BOREAL

Nazco.
Alguien vuelve a resucitarme
me devuelve a este
mundo en hilachas
cubierto en saliva
una página en blanco.

El frío acerado de las tijeras
y el alcohol
desprenden el cable azulado
que anudaba mi vientre:
ya no comparto sueños con mi nodriza.
No volveré a beber
la memoria lechosa de los pájaros.

Mis ojos ahora titilan
como eclipses de juguete.
La pulsera celeste
se enrosca a mi muñeca:
alguien me condena a un nombre
una lengua y su alfabeto.

No volveré a disfrutar
de las crudas y eternas fiebres
sobre los piélagos del sol
o bajo el cascarón de la luna

barridas por ese dulce viento
que desangra los siglos
y desteje galaxias.

POLAROID

Volcaste la copa de vino.
Tu cuarto es ahora
una escena del crimen
somos forenses desnudos
que buscan frenar esta hemorragia
aplicando presión con la toalla.

La gasa sucia no consigue
cicatrizar la herida.
En la alfombra florece
un arrecife de coral
como un tapiz
de nubes infectadas.

FARMACIA
(LÁPIZ Y CLOROFILA SOBRE PAPEL)

Se me ocurrió un día
poner mis memorias en alquiler.
Las saqué a cuentagotas
de la alcancía de lata
donde siempre durmieron.

Las dejé respirar y pasear libres por la casa
como bacterias de tinta
alegres criaturas minerales
pero estaban ciegas por los años de encierro
oxidadas, llenas de caries y liquen.
Les puse bozal
les limpié un poco la lagaña
pero no hubo caso
tuve que volver a embotellarlas.

Llené la alcancía de agua hirviendo
podía escuchar la piel despegarse.

Las ideas son árboles
que me crecen atrás de los ojos.

QUÍMICA DEL CARBONO

El tiempo es una máquina imprecisa.
Ayer soñé con vos
fui turista por un rato
en las islas donde vivíamos
pero no me dejaban tocar nada
estaban prohibidas las fotos.

La escenografía estaba bien lograda.
Montaron una fiel réplica de la cama
donde nos gustaba hibernar
con abrazos nos rompíamos el alma
las costillas y nos faltaba el aire
como a las flores que se ahogan
en celofán.

De un almendro colgaban corazones secos
descosidos por agujeros de bala, curados al sol.

Este es un poema de amor.
Prometo que es la última vez
que escribo esa palabra.
Los diccionarios la esquivan
no la encuentro en los mapas
ni en la tabla periódica.
Pero las promesas nacen rotas
y el amor es la prostituta dócil
de los poetas.

No puedo levantarme de la cama.
Sumergido me hago la paja:
sombras delicadas pintan el techo
con auroras boreales de lápiz.
Aguanto la respiración.

Las memorias son viajes
en el tiempo
que salen mal.
Son safaris por el pasado:
del otro lado del acuario
podemos ver nítidas
editadas a gusto y soleadas
las cosas que pasaron
y las que nunca van a pasar.

PORCELANA

Es romper el verano con las manos
dormir hasta ampollar los sueños
es tomarse un trago del antídoto
y descubrir al fondo del vaso
las escamas del sol.

Es desvestirse y colgar
la piel pesada en el armario
que nos crezcan plumas
en la nuca, en la espalda.
Es masticar cable de regaliz
y el mentol turquesa de la mañana.

Es enterrar la aguja hasta que broten
pesados pétalos de sangre
como los ríos del crepúsculo.
Es dormir en hangares vacíos
o en fotos mal reveladas
quemadas por la luz.

Es coger con las medias puestas
la luz prendida
el alma descalza.

POESÍA DE HOSPITAL

A baldazos y con bombas hidrantes
vamos lavando las palabras
que la noche olvidó en la vereda.

Ríos detergentes
oleajes de espuma y saliva gris
inundan la ciudad:
un cardumen de burbujas tornasol
suspendidas en la foto del día.

Hasta la ribera vamos barriendo
el alboroto y la orquesta
el agua sucia de abecedarios.
Con botas de goma pateamos
lo que queda de este lenguaje trasnochado
que lleva milenios sin dormir.

En un caudal de tinta espesa
se escurren las estrofas por las avenidas
bañan los parques, doblan las esquinas
hasta llegar a la página donde las duermen
quietas en formol.

Los porteros se guardan
algunos secretos del diccionario
en un bolsillo discreto.

Los oficinistas más tempraneros
regatean migas lunfardas del idioma
archivándolas como escarapelas
zurcidas al traje
del lado del corazón.

Pero los que duermen en la calle
cuya cama es el cemento y el mundo
se alimentan con poesía de hospital
la esculpen y desarman
entre sus dedos analfabetos.

Encuentran alguna palabra moribunda
tatuada en una boca de subte
en un baldío de paredones crudos
y aunque desconocen su traducción
la pescan de la alcantarilla
le dan abrigo, algo de leche en polvo
y con alambre le curan las alas.

LACRIMOSA

Me despierto con los ojos
al rojo vivo
como si hubiera llorado lagunas
mientras dormía.

Las venas y los filamentos
se enredan a mis pupilas
como telarañas
curiosos atrapasueños.

Me hacen pensar
en archipiélagos
en el vértigo de las gotas
que curan la conjuntivitis.

PANGEA

Hay un mismo amor frágil
pero distintas máscaras
y diálogos que lo esconden.
Conocemos una única palabra
de innumerables pseudónimos.

Pulso existe uno solo
enjaulado en tantos pechos
que lo usan de combustible
para latir.

Tantas variaciones redundantes
tanta relojería, cuarzo y metafísica
para un mismo tiempo hambriento
para este instante inmóvil
que cambia de disfraz y de idioma
sin naufragar.

Hay un calostro primero
ya extinto
que seguimos buscando
en los brazos anónimos
de quienes quieren arreglarnos.

PLACEBO

Bajo al subte en invierno.
Entro a este acuario donde
nos acomodamos como piezas
del rompecabezas
soltamos el aire de los pulmones
para hacernos lugar entre todos.

El tímido enroque de los cuerpos
que se desplazan en cámara lenta:
somos glaciares de tela y cartílago
bosques de ropa empapada.

Una chica se saca el buzo y veo
que en la espalda le crecen
alas rotas de celofán.

ANATOMÍA DE UN ORGASMO

Se me acalambra el alma
el aire que respiro hierve
hace combustión en mis pulmones
entrando al ojo del huracán
alguien pone pausa:

(por algunos segundos
que son horas y son años
hondos como los relojes
quedo pedaleando en el aire
en este paréntesis
que podría durar ahora
o para siempre)

pero el exorcismo es breve
un mero sacudón de voltaje
la tormenta de fiebre es pasajera
trámite ágil, sin burocracia

son turbulencias leves por favor
vuelvan a su asiento y
prepárense para aterrizar
bajar las escaleras
al eclipse
a este baldío de tiempo
donde volvemos a ser
animales mudos, crepusculares.

PULMÓN DE MANZANA

Abro las cortinas
de tus ojos
las persianas y tu camisa
esa primera capa de piel
corteza húmeda
detrás del tejido
puedo ver asomarse
las venas de la ciudad.

BOTICARIO DEL POETA SIN BRÚJULA

¿cómo resolver un poema?
¿cómo rematarlo, atravesarle un alfiler
y crucificarlo a la hoja?
sospechas que tienen
los que disfrutan de la alquimia
y las ecuaciones mudas.

los poetas tienen la tarea jodida
de responder preguntas no formuladas
resolver enigmas de agua.
intentan bosquejar acertijos
de álgebra desnuda
para que el lector tropiece
en el último verso.

yo nunca supe. intenté y fallé.
conozco artesanos tímidos, gente taciturna
que practica en secreto su gimnasia
que nunca revelaría sus fórmulas
sus recetas.

yo nunca sabré.
no es fácil enhebrar
versos de aire fino, transparente
pulirlos con aceite y arena.

cuesta sacarlos como hilos mojados
del fondo de nuestros pulmones.

sería como mirar
el reverso de los cuadros.
sería grabar el canto
de las sirenas
y hacérselo escuchar a chicos
que pelean contra la siesta
en un aula donde las pizarras son espejos.

los poemas son memorias falsas
quemaduras y plagios
de los que despierto ahogado
como quien se deja la llave
adentro del sueño.

PRESAGIOS

Augurios y profecías ciegas.
No son más que
prender el cigarrillo en la parada
para que se asome el colectivo
lavar el auto para desatar
el diluvio bíblico.

No basta con leer
el vuelo de los pájaros
su cicatriz transparente
trazada en el aire.
No alcanza con descifrar
los pronósticos que murmuran
las hojas ahogadas del té
como naufragios en la taza.

El quiromante respira el mapa
de nuestra mano
con los dedos lee sus ríos, sus rutas y venas
busca en la cartografía
algún indicio o soplo del futuro
que guardamos dormido en la sangre.

Hago oídos sordos a las advertencias
a los cantos de bardos y augures.
De hacerles caso viviríamos arrepentidos
de lo que aun no somos.

BESOS DE CABOTAJE

Te visito mientras duermo
para ahorrarme el pasaje.
En vez de cruzar el globo terráqueo
los viajes sonámbulos son de cabotaje.

El pueblito donde vivís parece una maqueta.
Los perros que ocupan la plaza
embrujados por la siesta
son almas fusiladas de otra época.
Ahora reconozco esa laguna de patos ciegos
ahora la ligustrina, la glorieta.
Ahora el aire pegajoso y familiar
que tienen los puertos.

El galope de mis latidos cuando me paro
almidonado y devoto, al pie de tu puerta.
Las cortinas están corridas, nadie aparece
por más que golpee, la casa está vacía.
Nervioso, hago el cálculo:
viviendo del otro lado del mundo
lo más probable es que mientras duermo
estés despierta.

Mi boleto de vuelta no tiene horario ni andén
no sé si vuelvo gateando o en buques
que despiertan de su naufragio.
Capaz me evaporo y vuelvo a llover sobre mi cama

capaz entre esos pájaros pintados en el cielo
esté mi avioneta.
Pero tarde o temprano voy a aterrizar
de este viaje tranquilo, bajo en calorías.

Hay quienes dicen
que mirando de cerca
el bulbo caliente de una luciérnaga
uno puede ver en marcha
la industria de los sueños.

TERAPIA DE QUELACIÓN

Todos los trenes
que dejaste pasar de largo
estacionan en cementerios baldíos
hibernan al costado de la ruta.
Bosques de vagones como osamentas
crecen en el otoño de tus noches.

La familia de habrías y hubieses
los modos subjuntivos y condicionales
son frágiles mundos de hipótesis
escenas que censuraste
y nunca fueron filmadas:
por debajo les crecen flores del óxido
el coral de la herrumbre.

Ahora no dormís
encerrado en el laboratorio de la noche
mirando la película bajo el microscopio.
Las carcasas siguen tibias
en la banquina, aunque pasen los años
y vos todavía
con el boleto sin usar
quemando en el bolsillo.

NATURALEZA MUERTA

Me despierto de golpe
el mundo no está preparado para recibirme.
El Programador duerme la siesta
y todo está a medio dibujar.
Tu cuerpo es apenas una mancha
un boceto cubista, a mano alzada
enredado entre las frazadas.

El cuarto es todavía un ensayo:
rumbo al baño me apoyo en las paredes
mis manos quedan tatuadas
sobre la pintura fresca
huellas como errores en el código
signos rupestres, píxeles color piel.

Las memorias están bajo llave.
Cuando giro el picaporte
no hay baño del otro lado
solo cielo limpio, algodonado
por un cardumen de nubes
entre las que nadan
como pinceladas desprolijas
las avionetas de papel.

JUEVES DE LLUVIA

El viento despeina los álamos
que tiemblan al costado
de la avenida.

De los faroles gotea la luz
como si fueran heridas
sus bulbos laten con furia:
son el corazón
de soles ya extintos.

Los semáforos titilan empapados
escupen relámpagos de navidad
sobre el río que cruza la plaza.

Las calles se convierten
en espejos negros
lagunas de sombra donde salen a tomar aire
de tanto en tanto
las ballenas ciegas
que duermen bajo las ciudades.

SANATORIOS DE REENCARNACIÓN

Le dejo la propina al despachante de aduana
que me transmigra el alma.
La anestesia que me hace inhalar
es una atmósfera densa y azul
relajate y contá hasta diez

nueve, ocho, los números se desarman
la cuenta regresiva es un río de fondo
cuando empieza la burocracia
de los cuerpos.

Es necesario que nos reciclen
con cierta frecuencia
para evitar encariñarnos
con el envase que nos toca.

Ya siento la presión oceánica, muscular
en la tibia sala de espera.
Pronto esa primera bocanada
de aire como brasas
en los pulmones de barro crudo.

Hace falta resucitar
para darnos cuenta
que no hay nada más doloroso
que renacer, darle cuerda a la vida
y volver a sangrarlo todo.

CROMOSOMA

el sueño es un ascensor
hacia adentro

si estás leyendo esto
ya es demasiado tarde.

EL SÍNDROME DEL OXÍGENO

El otoño se acerca.
Lo traen los barcos y los trenes
puedo olerlo:
una plaga del óxido
la enfermedad de los colores cálidos.

Me hace olvidar que somos
un accidente sobre la hoja
código binario, ruido blanco
interferencia radial.

Me hace creer
de a ratos
que el mundo es este enorme
vientre azul
donde las pesadillas no tienen
salida de emergencia
sino que mueren al quedarse sin aire
sin combustible
cuando alguien corre la página.

FOTOCOPIA

Mediodía en un hotel, y vos
jugando al árbol genealógico
haciéndole brotar ramas y apellidos
flores calientes
te encontrás con tu reflejo inesperado
corcoveando en el espejo.

La sorpresa es mutua:
un pálido espíritu de papel
que sobre el brazo lleva tatuada
la cicatriz de la vacuna
tu culo blanco que
(recién ahora te das cuenta)
nunca vio la luz del sol.

Un cavernícola domesticado
que se cortó afeitándose el pubis
y se puso colonia de baño
detrás de las orejas.

Estabas jugando al primer deporte
de la especie.
Jugabas a clonarte, calcarte
te estabas pirateando
a vos mismo.

Imaginate si nos sacaran
la foto carnet
mientras estamos acabando.

SUEÑOS EN LA TROPOPAUSA

La velocidad es de crucero
los cinturones se desabrochan
la píldora baila, juguetona
entre sus dedos afilados.

El somnífero actúa eficaz
de a poco nos borra
al resto de los tripulantes
inmersos en la solución salina
de esta cabina presurizada.

Él cada vez más transparente
mientras vemos subtituladas, mal dobladas
sus pesadillas de acuarela
en la pantalla sobre el respaldo.

Cruzamos el hemisferio
los relojes despacio retroceden.

Me asomo por la ventana:
la sombra de las nubes
como fragatas a la deriva
en un mar de crines blancas.

LABORATORIO

Nunca corre el tiempo más lento
que esperando apurado el ascensor
los relojes enfrían su metabolismo
embriague y punto muerto
sus engranajes se sumergen
en aceite denso.

Los segundos son días en las salas de espera
muchos soles nacen y se extinguen
antes que nos llamen por el número
pasillo al fondo a la derecha
donde nos espera la jeringa esterilizada
ansiosa por hundirse en el río de cobre
que nos corre bajo la piel.

La industria de la sangre
la ruta de los glóbulos y el plasma
cruza los mares y cordilleras
en oleoductos sumergidos
las arterias calientes de este mundo.

Respirá hondo, soltá el aire despacio
el archipiélago en mi brazo se hincha
las venas engordan y el mosquito
introduce su herramienta
en el manantial.
La pintura brota en olas, borbotones.

Cospel para la máquina de café
alfajor de maicena en mano
salgo a la calle transparentado
unos gramos de alma más ligero.

Mis colores son ahora coágulos
en un frasquito refrigerado.
Soy un fantasma urbano cualquiera
peatón invisible
el colectivero sigue de largo
no puede ver mis señas.
Los perros atados al semáforo me ladran
el mendigo ciego en la esquina
me reconoce, y mirándome a los ojos
me pregunta si estoy bien.

EQUINOCCIO

Bostezo y sin querer
apago la vela
la última gota frágil del sol.

Empieza la hemorragia
de los minutos.
Bajo mis párpados pasean
cielos mal dibujados.

Si hago silencio
puedo escuchar la forma
de los sueños que hoy
van a visitarme:
se amontonan contra la puerta
bajo el alféizar de la ventana
brotan de las canillas.
Aguardan callados, inofensivos
conteniendo la risa
esperan a que me duerma
para hacer un nido en mi cabeza.

El único rastro que van a dejar
su residuo, su ceniza sin decantar
es un racimo de lagañas.

DROMEDARIOS

De cerca miro las dunas
olas quietas de arena
el mar en cámara lenta.
Hago zoom en sus jorobas
arquitecturas del viento.

A lo lejos se tejen y desarman
espejismos aceitosos
simulacros de agua.

Un hilo de arenisca cae desde el cielo.
Los médanos crecen y respiran
profundos pulmones
mansos durante la noche
bañados en la luz de los fantasmas.

En el horizonte se dibuja
la sombra de las pirámides
como una mancha de nacimiento.

Me alejo del reloj de arena.
Lo apoyo sobre la mesa mientras
caen las últimas migas del tiempo.
Cierro los ojos con fuerza
cruzo los dedos:
no vaya a ser que al término

de esta lluvia de oro en polvo
frenen en seco y al unísono
todas las agujas
y nos extingamos
con el punto final.

JARDÍN DE ESCARAPELAS

Te vigilo mientras dormís:
bajo tus párpados laten
tormentas solares
ciclones que germinan, mudos
haciendo golpear las ventanas.

Vos nunca vas a verlo,
pero durante tus siestas
alumbradas por la fiebre
las paredes se sacuden y descascaran
del cielorraso llueve ceniza húmeda
y sobre las frazadas crecen
tibias flores de sangre.

LUZ DE AZÚCAR

La vi subir las escaleras
a la terraza vacía.
Se prendió un cigarrillo mudo.
Al cielo lo habitaban
dos aviones perdidos
y un cuarto creciente.
Yo creo que escapaba
del abrigo de los cuerpos.

Entonces se puso en puntitas de pie
sobre una silla de lona.
Amarró un alambre
al talón de la luna
y con el otro extremo tejió uno
de esos nudos marineros
a prueba de arrepentidos.

Fabricó la trampa con paciencia quieta
con la destreza meticulosa y sonámbula
de quien se ata una corbata.

Descalza, pateó la silla:
fueron muy largos los minutos.

La encontraron bañada en sábanas de escarcha.
Intentaron reanimarla, a nadie se le ocurrió
desatar el hilo que colgaba del cielo.

Yo les gritaba pero no parecían escucharme
entre las copas de los edificios bajos.
Alguien me tatuó un beso en la frente pero
la luciérnaga del cigarrillo todavía
me quemaba, apretada en mi puño
a medio ahogar.

QUELONIOS

Nos acostamos de espaldas
bajo glaciares negros
ensayando esta tarea agotadora
que llamamos dormir.

El mundo se deshace en acuarelas
un frondoso bosque de liquen
nos crece bajo la piel.

TORNASOL

La tormenta me hace buscar refugio
bajo las vías del tren.

Los relámpagos son poco creíbles
fuegos artificiales
al meteorólogo le falta presupuesto.
Se notan los flashes de magnesio
detrás del manto de nubes
que forma la máquina
de hielo seco.

Las calles son canales
Noé pasa en un gomón
con tres gallinas y un perro
encapuchado, piloto amarillo.

Varias personas lo siguen a nado
vociferando, reclaman su lugar
en el Arca.

Me consuelo pensando que en esta historia
somos solo actores de reparto, el agua sube
alguien grita corte, fin de acto
la estrofa se ahoga, prenden la luz.

EXOESQUELETO

Es domingo y en el placard guardo
ya planchadas
cinco mudas de piel
para abrigar cada día hábil.

Mi agenda contempla
una o dos veces por semana
la dosis prescripta
de sexo anticonceptivo
los besos maquinales y sobrios
por cuentagotas.

Antes de dormir me limpio la sangre
de las manos
y en piloto automático
me trago esa pastilla
que nos reinicia, nos lava la memoria
y nos deja empezar de nuevo.

ECOSISTEMA

Ahora cultivo sueños.
Los siembro y colecciono
porque son amigables polímeros
mascotas que no exigen mucho más
que una visita nocturna.

No tienen una dieta estricta.
Son espíritus botánicos
que usan nuestra cabeza como acuario
fosfenos simpáticos de lactosa, color cobre.

A estos pequeños seres de almidón
los guardo en frasquitos sobre la cómoda.
Nadan un rato pegados al vidrio
como tréboles encendidos
tímidos caleidoscopios.

Me duele verlos ahogarse
como velas embotelladas
pero después al fermentar
alumbran mi cuarto entero
con orquídeas blancas, luz mineral
durante la noche manchada de inviernos.

Arden como un moribundo arcoíris
mal escrito sobre las persianas.

Son el primer eslabón
en la cadena alimenticia.
Son almas de seis voltios
anfibios de sangre caliente.
Son el óxido y las brasas
de lo que no supe ser.

ROSETTA

No hay dos personas en el mundo
que hablen un mismo idioma.

Solo accidentes y espejismos
donde las palabras creen reconocerse
cortejos breves.

Son errores simples, fe de erratas.
Cuanto más se esfuercen en repetir
esa coincidencia agridulce
cuanto más vociferen entre ellos
tanto peor será la traducción
los subtítulos serán garabatos
y lento va a ser ahogarse
entre los párrafos que engordan
bajo el peso de las oraciones.

Los enamorados tejen redes
lugares comunes, ecosistemas
de las que tarde o temprano
no se pueden desatar.

PARQUES MAL TEJIDOS

Media tarde en casa.
Vos todavía a la deriva
en la marea alta de esa siesta pegajosa.
Mis preocupaciones son palabras livianas
como colesterol, hipoteca
lavandina, halitosis.

Entre las cortinas se filtran
las sirenas de ambulancias
los ladridos, como coros
de mundos ajenos, efectos especiales.

La mancha del café que volqué
sigue ahogándose en la esquina, otoñal.
Imagino que afuera el jardín atardece
oliendo a cloro, tapando con sábanas de noche
las palomas muertas.

Son casi las siete.
Pensé en despertarte
pero después me dije que capaz
prefiero seguir siendo anónimo
no existir por un rato
ser un fantasma descalzo, doméstico
paseando intruso por mi casa.

BOSQUEJO DEL INSOMNIO

Solsticio de verano en mi cama
un mediodía que nunca expira.

Archipiélagos de sol
que las persianas dibujan
sobre la pared.

El himno de las palomas
posadas sobre una telaraña
de cables húmedos, llenos de estática.

Un océano cardíaco, primitivo
cuya contraseña olvidé.
Un baldío de tiempo sin antídoto
una existencia lúcida sin recreo
francos ni feriados.

Cada vez que cierro los ojos
sangran amaneceres
atrás de mis párpados
nacen soles en mi cabeza
y es como ver a través
del caleidoscopio.

COSTURAS Y FRONTERAS

Acostado sobre el asiento trasero
me voy durmiendo
al fondo del mar.

Van desapareciendo los kilómetros
voy cambiando de sol, de cielo
de sangre y de patria.
Voy soñando
con párpados llenos de anzuelos
pesadillas pálidas, interestatales
de ibuprofeno y rutas sumergidas.

El día rompe contra el parabrisas
vamos navegando las montañas
a contrapelo, besando la banquina.
La ruta serpentea como un delta
voy salteando aduanas y meandros
documentado, libre de aftosa.

En alguna frontera me traspapelo:
alguien dibuja mal mi apellido
lo deja manco, bizco.
Yo ya soy otro.
Anónimo, prófugo y habitante
de estos mapas cruzados

por venas de lápiz
números que son advertencias
suturas como ríos y cordilleras.

Es cuestión de permitir
que las ideas se hidraten.
Solo busco desembarcar
en lunas más cansadas
como bulbos de luces lechosas
tibias luciérnagas de queroseno
que van comiendo cual polillas
los negros telones de la noche.

LA MEMORIA ANALÓGICA

También la noche
esa curtiembre de sueños.
También el reloj que late en mi muñeca
las páginas en blanco, el alcohol boricado
las calles como el lecho
de un arroyo seco.

También los abrazos
esos nudos de calor y cartílago.
También el paréntesis sin fondo
de la madrugada
sus arquitecturas de luz orgánica.

También las constelaciones de lunares
sobre el mapa de tu espalda.

También el mercado negro de los besos
clandestinos y de noche
en pulmones de manzana, sobre terrazas.

También la enciclopedia de la memoria
y todos sus errores
de ortografía.

CIANOTIPO

Me gustan tus ronroneos
después de acabar
traslúcida y mareada, me gusta
que mudes la piel en otoño
tus cicatrices azules
el mapa de tus venas, me gustan
tus ojos polarizados
que se inundan
con la fase lunar

me gusta que no existas
que nunca hayas nacido y
seas solo un simulacro
este espejismo lácteo
sobre el papel

me gusta que seas un protocolo
una serie de instrucciones
para seguirte inventando
en los abrazos baldíos que tejemos
entre cuerpos desnudos, maniquíes
de sangre caliente

somos olas ciegas
que no encuentran la orilla

COLMENA

La noche se cierra como un candado:
de repente
cada edificio es un panal
un nido tibio
que se prende fuego.

LA RAÍZ DE LAS IDEAS

El tren me aleja de la ciudad
a la deriva sobre las vías
cruzamos los cordones del conurbano
los cinturones de las galaxias.

Afuera desfilan los paisajes de grafiti
violentas confesiones, romances
fechas del apocalipsis que ya expiraron
mundos marcianos de aerosol.

Las letras mayúsculas
están hinchadas por la humedad
con los años engordaron
tatuadas sobre la pared.

¿Qué va a ser de nosotros
cuando nuestro cuerpo renuncie?
Es fácil saberlo:
intenten recordar lo que eran
antes de haber nacido.

RUTA NACIONAL

Frenados en el tráfico
somos los glóbulos amontonados
en esta arteria colapsada
tapada por el colesterol
de la hora pico.

Los minutos nos cobran peaje
la coreografía se rompe
con algún motor que se duerme
el coágulo de un accidente vial.

El parabrisas es puro océano:
del cielo se borran las últimas
estelas de vapor que dejaron
los aviones
las delicadas cicatrices
de los satélites.

El atardecer quema
en mi espejo retrovisor
una fragua allá al fondo
como si nos escapáramos
todos juntos y en fila
de un incendio.

ANESTESIA LOCAL

Algo está por pasar.
Estoy salivando, estoy alterado.
¿No sienten el voltaje en las manos?
El meo me huele dulce
la sangre me hierve adentro.
Algo está pasando y no puedo verlo.
Todavía no me animo a abrir los ojos
a respirar por primera vez.

Dentro de mi boca galopan
tormentas tropicales
palabras suicidas
pero solo escucho el mar
como apoyándome el caracol
al oído.

Algo pasó.
Yo no estaba ahí para presenciarlo.
Algo pasó y casi me despierta.

OZONO

La página se prende fuego:
desde la esquina, el papel
parece mojarse, se desarma
en pájaros de ceniza
que pasean curiosos
la cuna de mis manos.

Las palabras que llevaban escritas
sobre las alas
ya no son
sino monóxido, calor
el vapor azul que respiramos.

ECLIPSE SUBURBANO

De nuevo me cortaron la luz.
Me quedo a solas con mi respiración mansa
un oleaje de fondo
las paredes transpiran:
en la sombra botánica
todavía se adivinan
los filamentos calientes de la bombilla
como signos de interrogación
hilos del sol, fosfenos
atrapados en la pecera
donde alguien los supo encerrar.

MELATONINA

Me voy quedando dormido.
Una noche más vieja que el tiempo
inunda con su marea alta mi cabeza

afuera hierve una tormenta
un torpe protocolo de sombras
que se ve interrumpido
por auroras, relámpagos de juguete.

Tengo enchufado al brazo el suero
que hace entrar pesados
litros de cielo a mis venas
un río lechoso y sin memoria.

Nos aturde un pánico blanco
antes de quedarnos dormidos:
el miedo a despertarnos en la bañadera helada
siendo alguien que desconocemos
o peor aun
siendo nosotros mismos.

ABECEDARIO

Aquello que la gente deja escrito
sobre el vapor del espejo
en estaciones de servicio abandonadas

mensajes fugitivos
tatuados en la ventana del colectivo
sobre servilletas sucias
oxidadas con café

jeroglíficos y dibujos sobre la orilla
que las olas censuran, celosas

(el mundo es la costa contra la cual
rompemos el idioma)

todas las huellas que dejé grabadas
en las dunas de tu espalda
las va a desarmar el viento
como si nunca te hubieran quemado

ANOMIA
(ENSAYO SOBRE LA TARTAMUDEZ)

No hizo efecto la medicina
la natación ni la astronomía
sigo sin poder encontrar
las palabras que respiran
adentro de mi boca.

El agua sube y yo las busco
buceando en tus pupilas
revisando el diccionario simple
que guardamos en la cabeza.

Toda persona que escribe
ha padecido, quiero creer
de esa fractura honda en el verso
aquel error en la ecuación:
son fallas genéticas del idioma
sus agujeros negros.

Mi fábrica del lenguaje
depende del calendario lunar.
En la calle me inclino sobre
un charco de aceite:
al fondo veo, prendido fuego
un tímido arcoíris.

ARAUCARIAS

El piso está tapizado de sangre
herrumbre otoñal
pinocha y hojas quemadas.

La gente corre entre las carpas
blandiendo linternas
de las que brotan
ríos de luz acaramelada.

Atan un animal moribundo
al pie de un árbol
se ríen y gritan, los ojos fosforescen
entre las sábanas de niebla.

Ese chico que me ve asustado
lejos del grupo
se acerca y sin hablar me convida
un poco de sol tibio
mercurial
del termo celeste que sostienen
sus manos de papel.

MEMORIA A QUEMARROPA

Noche de tormenta:
En la tinta del cielo se abren
cicatrices bien soldadas
costuras prolijas de la memoria
que supuran, inundan el cuarto
con el fósforo del insomnio.

Mis latidos no me dejan dormir:
el cronómetro preciso insiste
en su jaula de costillas tibias
rasguña las ventanas
hace que de las canillas
brote una lágrima densa.

Las heridas se infectan
y por debajo de la piel
como un recordatorio ciego
un capricho del cuerpo
nos siguen creciendo las plumas.

LAIKA

Mi perra ya está vieja.
Por la tarde dormimos la siesta
embarrados en el sol de la galería
quietos bajo el ámbar
de los minutos, su resina espesa.
Nunca tuvo hijos, ya sabe
que acá termina la ruta
el hilo del tiempo se queda
sin kilometraje.

Hoy me despierto solo
mi espalda pegada
a la silla de lona.
El sol queda anclado para siempre
en ese rincón del cielo
como una brasa en penitencia.

La encuentro horas más tarde
en la quebrada de un arroyo seco.
Nunca vi a alguien dormir tan profundo.
¿Por qué es que los animales se exilian
a morir solos?
Se alejan sonámbulos por instinto
por el arte de los imanes
hasta llegar a su última cuna.

Ahora el sol no baja
el tiempo se tildó en este horario
y no hay quien sepa arreglarlo.
Ahora la busco siempre
a orillas del río
a la sombra de los tamariscos
y la vuelvo a encontrar acurrucada
tejida en luz, inmortal
sabiendo todo lo que ignoramos.

TRACCIÓN A SANGRE

Una delicada naturaleza muerta.
Tus ojeras como eclipses
las migrañas con aura
en vez de sangre en las venas, café.

El recuerdo es un laberinto
sin entrada ni salida.

METAMORFOSIS (SOBRE LA MASTURBACIÓN)

Practico el cortocircuito
el ritual del escalofrío.
Busco y encuentro
el estornudo indeciso
las burbujas en la sangre.

Me encandilo y tiemblo cada tanto.

Pero ahí donde empieza, termina.
De pronto es todo arte abstracto
espuma sucia del mar, la nieve pisoteada
de los suburbios.

Yo soy el genocida
que teje cementerios
en papel higiénico.
Soy el que desaparece los cuerpos
tirando la cadena:
los renacuajos fosforescentes
nadan los ríos cloacales
el sistema circulatorio de la ciudad.
Son peces ciegos que buscan, en vano
las grutas calientes.

ALBATROS

Un nogal donde aterriza
una bandada de barriletes.

Lo anidan dos o tres semanas
antes de seguir su curso
migrando a otro mapa.

ABERDEEN ANGUS

Mirame mientras te hablo.
A los ojos.
Así.
No te distraigas.

Ser mudo no implica
que no puedas escucharme.
Ser poema no me impide
respirar bajo el agua
por las branquias.
No me frena de oxigenar la sangre
mi tinta de cartucho.

Yo también envejezco:
mi piel de papel se puebla
de aureolas y manchas de humedad
como besos de nicotina.

Y vos ahí afuera,
del otro lado de la cortina
mirándome de reojo
tras el vidrio empañado.
Desde acá te veo
boqueando por aire
al fondo de mis pupilas
asfixiándote entre toda la luz dormida.

Justo cuando creíste
que llegábamos a algo
que empezábamos a entendernos
termino, me apago, me extingo.
Porque también tengo latidos limitados.
Porque yo, como vos,
como todas las cosas
solo vinimos a pasar el rato
a tocar el agua con los pies
a pegar la vuelta
antes de haber llegado.

CALEIDOSCOPIO

Recién te vi mientras dormía.
Entre mi sueño y el tuyo
cruzando el mar y las ciudades
corrían cables y venas calientes
kilómetros de fibra óptica
que permitieron esta cita abstracta.

Hace frío, la espuma de las olas
se nos abraza a los talones.
Te sujeto la mano y se desarma en arena.
Bajo el agua germinan estrellas
palpitan, se anudan y desangran.

Nada de esto va a sobrevivir
la amnesia al despertar.
Los hilos de colores se desatan
la transmisión se corta
hasta acá no llega la señal.
La lámpara de mi cuarto parpadea
esta página ya no existe.

MARIONETAS

La mañana te dibuja atigrada
puebla tu espalda de renglones
el código de barras que imprimen
las persianas.

Somos títeres de la moneda indecisa
de los tropiezos de un dado
sin numerar.
Las cartas se desnudan
para alumbrar la parte de nuestra ruta
que antes dormía la siesta
a la sombra de los días.

El Tiempo se aburre
en andenes vacíos
y dibuja nuestra historia
sobre cuadernos mojados.

ALMIDÓN

Meticuloso, torpe cirujano
me corto las uñas del pie.
Las cutículas caen sobre el mármol
como cuartos crecientes descartables
lunas perecederas que no llegaron
a inundarse.

Del otro lado de la puerta
escucho la lluvia caliente:
es la ducha borrando las huellas del día
sobre la espalda de mi hermana.
En ese diluvio lleno de sarro
y jabón blanco
la imagino escapando cual sirena
a través de las cañerías.

El chaparrón se apaga.
La puerta se abre y ella aparece
envuelta en vendajes de toalla
escoltada por fantasmas de vapor
mansas nébulas celestes, calesitas
de caballos ciegos
que chocan contra el espejo.

Su cara está cicatrizada por las lágrimas.
La abrazo, algo incómodo.

Las piernas le tiemblan como alas rotas.
Su pelo huele a vainilla y sal, tiene témpera
de nubes limpias.
En sus pies mojados todavía se notan
las sombras de las escamas.

Sobre el piso ya crecen los tallos
de las lunas húmedas que había sembrado.

NÓMADE

Llovía con sol
los arcoíris brotaban del río
desprolijos y lechosos
dibujados a mano alzada.

Desde la costanera mirábamos
el aeropuerto y todos sus abrazos
sus valijas hipertrofiadas, anabólicas
sus pasaportes y lagañas.

Los aviones eran palomas cansadas
que bajaban a dormir
desde los bancos de niebla.
Una vez quietas, del vientre les nacían
las personas transparentes
sonámbulas y algo mareadas
por haber viajado en el tiempo.

TARDES PÚBLICAS

Empieza el epílogo de estas horas pesadas
el desagüe, allá en el fondo
de toda esa luz caliente, muda.
La puesta en escena que no ignora el asombro
aunque cuente más siglos
que nuestra nerviosa y encuadernada historia.

Caducó tu estadía
en este mar de caras, galerías, horarios nacarados.
Se apaga el rubor que subraya el horizonte
rosa pálido, mancha de sangre en la servilleta.

Aunque sienta que me pertenezca
aquel ocaso es de propiedad pública
decomisado y desteñido por los tantos ojos
que se estiran a alcanzarlo.

Guardo mi porción robada al fondo del bolsillo
y esa brasa del crepúsculo
aletea con furia contra mi costado.

Quedan impresos los renglones cálidos
sobre los trajes que escapan
con prisa de las oficinas.
La quieta marea del éxodo
la renuncia de otro día hábil descartable

las quemaduras de ese fuego que se hunde
en otros mares, otras ciudades.

Temprano llega el apagón, no todos pagan el gravamen.
Enredados en el gentío del subte
llegan los funcionarios, de etiqueta y malhumor.
A gritos declaran el embargo
se apagan usinas, centrales térmicas
se cierran persianas y telones.

Los atardeceres tienen algo de extinción.
Alguien garabatea una factura
promesas de papel y tibieza
un sol sin patria prosigue
al naufragio de otros cielos
otros versos.

CALLE SIN SALIDA

La brújula mareada
que llevo siempre en el bolsillo.

Un vaso helado
de luna llena y edulcorante.

Esos relojes que se arrepienten
y tartamudean, para siempre
sobre este mismo segundo.

SÉPTIMO DÍA

A mis miedos los escondí
entre los guijarros plateados
de un estanque sin fondo.
Ahora llegan a mí
con la tortuosa insistencia
del cuentagotas.
Transparentes, con formas de peces
anfibios y cetáceos.

A mis promesas supe enterrarlas
en la sutura abierta de un atardecer:
la luz roja como el lacre
bañaba los arenales.
Hoy me persiguen por el calendario
traídas por el viento.

A mis sueños pude dormirlos
dentro del húmedo corazón de la luna
bajo la tiza del cuarto menguante.
Ahora encandilan mis noches
disfrazan el mundo
de blancos desvelos.

Al asombro quise preservarlo
entre la tibieza de los algodones.
Ahora es quebradizo y frágil

se desgrana y escapa entre mis dedos
se desarma en mi boca apenas
pronuncio su nombre.

Al amor, ese miedo arterial y primero
quise beberlo y mantenerlo
en secreto.
Probé su azúcar, su beso salado.
Ahora me hierve en las venas y ya no es mío:
cada tanto arde encendido
en el tajo de mi boca
al verlo, como un sello de agua
tatuado en la frente
en las piernas de los otros.

EPÍLOGO EN UN HOTEL

porque a veces despierto en ese cuarto
entre fantasmas de ceniza y terciopelo
las estrellas de carbón en el techo
alumbran este rincón del mundo

apenas entra el verano por la ventana:
la sed, el olor a flores vencidas
en el fondo del vaso encuentro
algunas memorias ya avinagradas

las sombras de vinilo hinchan el aire
hacen que las cortinas respiren
como pulmones de tela

quizá sean mías las huellas de agua
impresas sobre la alfombra
quizá quienes vengan finalmente
a tocarnos la puerta
no sean más que seres alados
querubines con fiebre y tos ronca.

BALIZAS

Las personas somos islas y en el medio
el cielo líquido, turquesa
las crines de las olas galopando
la sombra de tus acantilados a lo lejos
la bruma empañando el horizonte.

Solo veo tu faro de noche
titila como una estrella rota
que aterrizó en el lugar equivocado
y ahora manda señales de auxilio.

Es una relación a distancia la nuestra
el crepitar de la rompiente
nos impide comunicarnos
pero cada tanto la marea baja de golpe
desnudando un banco de arena
abre un puente efímero
que caminamos y algo nerviosos
nos cruzamos a mitad de camino
no sabemos bien de qué hablar.

NÉCTAR

Mariposas negras
polillas de terciopelo
posadas en el techo
esperan a que te duermas
para después alojarse
sobre tus ojos
donde beben el azúcar
de tus lagrimales
la glucosa de los sueños.

Dormir es el antibiótico
que le permite al mundo
tomarse un recreo, corregir
sus errores de sintaxis
hacer la dolorosa metamorfosis
para así volver a recibirnos
en su página.

HOLOCENO

Se esconde el sol en la laguna.
El poniente ya se oxida, tibio
un beso entre el fósforo y la acuarela
sobre aquel horizonte de brasas secretas
los pájaros nadan como píxeles
contra la corriente
en el aceite de la tarde.

De mi corazón brotan raíces
cables y cordones
que llegan al subsuelo.
Quizá existan allá lejos
otras ciudades sumergidas.

El paisaje gotea contra la ventana.
Luz de cobre, herrumbre en los espejos
y sobre el agua.
A veces cansa ser turista
pasajero de turno en este mundo.

Sangre negra y basta.

ÍNDICE

Este libro terminó de imprimirse
el 31 de agosto de 2019,
aniversario del fallecimiento del poeta
Charles Pierre Baudelaire.